Hawaiian
ʻo Sammy
ka
Nahesa lapuwale

Marcy Schaaf

Marcy Schaaf

Sammy
the
Silly Snake

Meet Sammy,
the silliest, friendliest snake you'll ever know!
Sammy lives in a cozy house and has a very
special hobby—he loves to find and eat toy mice.
But don't worry, Sammy isn't scary at all. In fact,
he's always ready for a fun adventure, wiggling
and giggling his way through the day. Join
Sammy on a playful journey as he discovers
hidden toy mice, makes new friends, and shows
that even the sneakiest snakes can be sweet
and silly. Perfect for bedtime or anytime, Sammy
the Silly Snake will bring a smile to every child's
face!

E hui me Sammy, ka nahesa maika'i loa a maika'i loa āu e 'ike ai! Noho 'o Sammy i kahi hale 'olu'olu a loa'a iā ia kahi le'ale'a kūikawā—makemake 'o ia e 'imi a 'ai i nā 'iole pā'ani. Mai hopohopo, 'a'ole maka'u 'o Sammy. 'Oia'i'o, mākaukau mau 'o ia no kahi huaka'i le'ale'a, wiliwili a 'aka'aka i kona ala i ka lā. E hui pū me Sammy ma kahi huaka'i pā'ani i kona 'ike 'ana i nā 'iole pā'ani huna, hana i nā hoaaloha hou, a hō'ike 'o ia 'o nā nahesa sneakiest hiki ke 'ono a lapuwale. He kūpono no ka wā moe a i kēlā me kēia manawa, e lawe mai 'o Sammy the Silly Snake i ka mino'aka i nā maka o kēlā me kēia keiki!

Copy Write @ 2024 Marcy Schaaf
Sammy the Silly Snake

Once upon a time, there was a snake named Sammy.

I kekahi manawa, aia kekahi nahesa i kapa ʻia ʻo Sammy.

Sammy was not scary;
he was friendly and fun.

‘A‘ole maka‘u ‘o Sammy;
he aloha a le‘ale‘a.

Sammy loved to eat mice,
but only the toy ones!

Makemake 'o Sammy e 'ai i nā 'iole, akā
'o nā mea pā'ani wale nō!

One day, Sammy found a toy mouse under the couch.

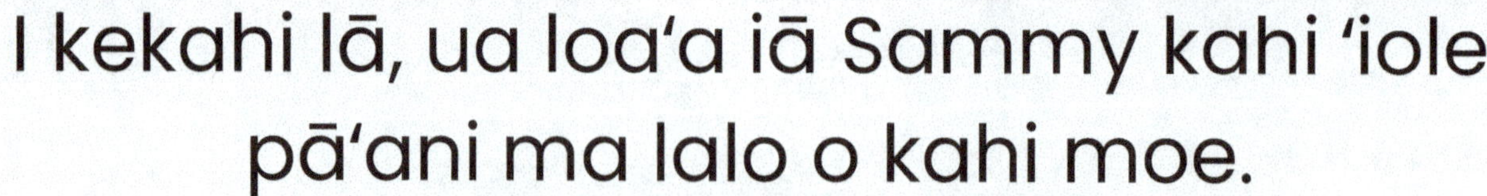

I kekahi lā, ua loaʻa iā Sammy kahi ʻiole pāʻani ma lalo o kahi moe.

"Yum!" he hissed.
"I love these squeaky treats!"

"Yum!" ua hoowahawaha.
"Makemake wau i kēia mau meaʻai ʻuʻuku!"

Sammy slithered around the
house, searching for more.

Ka'ahele 'o Sammy a puni ka hale, e 'imi ana i nā mea hou aku.

He found a toy mouse in the kitchen.
"Hooray!"

Ua loaʻa iā ia kahi ʻiole pāʻani ma ka lumi kuke. "Hooray!"

Sammy wiggled with joy and swallowed
it whole.

Ua ʻai ʻo ia i kēlā me kēia, me ka hauʻoli.

Ua ʻoluʻolu ʻo Sammy me ka hauʻoli a moni ʻo ia.

In the bedroom, Sammy discovered three toy mice!

6:45

I loko o ka lumi moe, ua 'ike 'o Sammy i 'ekolu mau 'iole pā'ani!

6:45

He gobbled them up, one by one, happily.

6:45

6:45

Soon, Sammy's belly was full of toy mice.

He felt sleepy and slithered to his cozy bed.

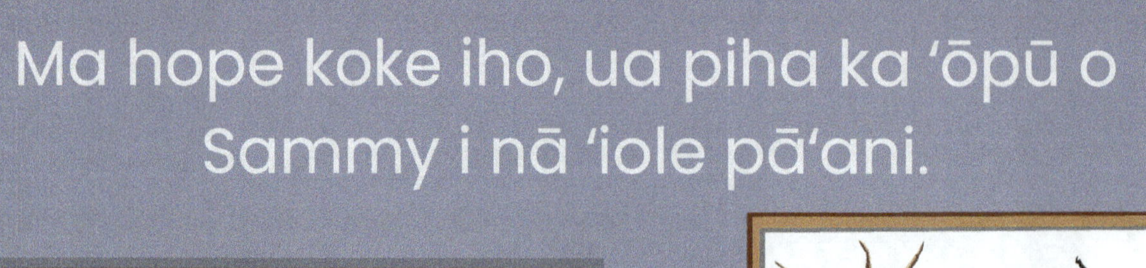

Ma hope koke iho, ua piha ka ʻōpū o
Sammy i nā ʻiole pāʻani.

Ua hiamoe ʻo ia a lele akula i kona wahi
moe ʻoluʻolu.

Sammy dreamed of more toy mice adventures.

Ua moeʻuhane ʻo Sammy i nā ʻiole pāʻani hou aʻe.

In his dream, he met a mouse eating cheese!

I loko o kāna moe'uhane, ua hālāwai 'o ia me kahi 'iole e 'ai ana

Sammy and the
cheese mouse
had a fun race.

He heihei le'ale'a
'o Sammy a me
ka 'iole cheese.

They laughed and played until the sun rose.
6:45

Ua 'aka'aka lākou a pā'ani a hiki i ka puka 'ana o ka lā.

Sammy woke up happy, ready for another day.

6:45

Ua ala ʻo Sammy me ka hauʻoli,
mākaukau no kekahi lā aʻe.

6:45

He knew he was the silliest, friendliest
snake around!

6:45

Ua 'ike 'o ia 'o ia ka nahesa lapuwale loa a puni!

6:45

The END!

Ka hopena!

Books By Schaaf

www.BookBySchaaf.com

Find us at: